Julius Evola

ORIENTACIONES Y ENTREVISTA CON JULIUS EVOLA

Julius Evola
(1898-1974)

ORIENTACIONES Y ENTREVISTA CON JULIUS EVOLA

© Omnia Veritas Ltd - 2021

Publicado por
Omnia Veritas Ltd

www.omnia-veritas.com

Reservados todos los derechos. No se permite la reproducción total o parcial de esta obra, sin autorización previa y por escrito de los titulares del *copyright*. La infracción de dichos derechos puede constituir un delito contra la propiedad intelectual.

1. LA ILUSION DEL PROGRESO 9
2. POLITICA Y METAPOLITICA 13
3. EL "ESPÍRITU LEGIONARIO" 16
4. POR UNA NUEVA ARISTOCRACIA 20
5. LOS ESLABONES DE LA DECADENCIA 22
6. CONTRA LA PRIMACÍA DE LO ECONÓMICO 28
7. LA IDEA ORGÁNICA 34
8. LA PATRIA DE LA IDEA 38
9. CONCEPCIÓN DEL MUNDO Y MITOS MODERNOS 42
10. REALISMO Y ANTIBURGUESISMO 46
11. SUPERACIÓN DEL ESTADO LAICO 49
ENTREVISTA CON JULIUS EVOLA POR ELISABET ANTEVI 53
JULIUS EVOLA Y EL NACIONALSOCIALISMO 55
   1- INTRODUCCIÓN 55
   2- ENTREVISTA CON JULIUS EVOLA POR ELISABET ANTEVI 61
OTROS TÍTULOS 89

1. LA ILUSION DEL PROGRESO

Es inútil hacerse ilusiones con las quimeras de un falso optimismo: nos encontramos al final de un ciclo. Desde hace ya siglos, primero imperceptiblemente, después con el movimiento de una masa que se desploma por una pendiente, son múltiples los procesos que han destruido en Occidente cualquier ordenamiento normal y legítimo de los hombres, que han falseado incluso la más alta concepción de la vida, de la acción, del conocimiento y del combate. Esta caída, su velocidad y su aspecto vertiginoso, ha sido llamado "progreso". Y a este "progreso" se han dedicado himnos y alabanzas, y se albergó la ilusión de que esta civilización -civilización de materia y de máquinas- era la civilización por excelencia, a la que se habría estado preordenado toda la historia anterior del mundo: las consecuencias finales de este proceso fueron tales que provocaron, en algunos, un despertar.

Se sabe dónde, y bajo qué símbolos, se intentaron organizar las fuerzas de una posible resistencia. Por un lado, una nación que desde su unificación no había conocido más que el mediocre clima del liberalismo, de la democracia y de la monarquía constitucional -Italia- tuvo la osadía de recoger el símbolo de Roma como base para una nueva concepción política y para un nuevo ideal de virilidad y de dignidad. Por otro lado, en otra nación, que en el Medievo había hecho suyo el principio romano del Imperium -Alemania- fuerzas análogas se despertaron para reafirmar el principio de autoridad y la primacía de todos aquellos valores que tienen sus raíces en la sangre, en la raza y en los instintos más profundos de una estirpe. Y mientras que en otras naciones europeas algunos grupos se orientaron en el mismo sentido, una tercera fuerza se alineó en el mismo campo de combate en el continente asiático: la nación de los samurái, en la que la adopción de las formas externas de la civilización moderna no había lesionado la fidelidad a una tradición guerrera, centrada en el símbolo del Imperio solar de derecho divino.

En estas corrientes, la distinción entre lo esencial y lo accesorio, no siempre fue clara, ni las ideas tuvieron paralelamente una adecuada convicción y cualificación en personas, ni si quieran fueron superadas algunas influencias de aquellas mismas fuerzas a las que se debía combatir. El proceso de purificación ideológica habría podido tener lugar en un segundo tiempo, una vez que hubieran sido resueltos algunos problemas políticos inmediatos e inaplazables. Pero, incluso así, era evidente que estaba tomando cuerpo una concentración de fuerzas en abierto desafío frente a la llamada civilización "moderna", tanto para las democracias herederas de la revolución francesa como para la encarnación del límite extremo de la degradación del hombre occidental: la civilización colectivista del Cuarto Estado, la civilización proletaria del hombre-masa anónimo y sin rostro. Los acontecimientos se precipitaron, se acentuó la tensión hasta que llegó el choque armado de las fuerzas en pugna. Lo que prevaleció fue el poder bruto de una coalición que no retrocedió ante una híbrida alianza de intereses y la hipócrita movilización ideológica para aplastar a un mundo que estaba poniéndose en pie y que intentaba afirmar su derecho. Dejamos al margen el hecho de saber si nuestros hombres estuvieron o no a la altura de su empresa, si se cometieron errores en cuanto al sentido de la oportunidad, de la preparación, si valoraron... todo esto no afecta. Igualmente, no nos interesa que la historia se vengue de los vencedores, ni que, por una especie de justicia inmanente, las potencias democráticas, tras haberse aliado con las fuerzas de la subversión roja para llevar la guerra hasta el insensato extremo de la rendición incondicional y de la destrucción total, vean volverse contra ellas a sus aliados de ayer, peligro éste mucho más temible que el que querían conjurar [El autor se refiere al desenlace de la Segunda Guerra Mundial y al proceso de la guerra fría. NdT].

Lo único que cuenta es que hoy nos encontramos en medio de un mundo en ruinas. Y la pregunta que debe plantearse es la siguiente: ¿existen aún hombres en pie en medio de estas ruinas? ¿Y qué deben o pueden hacer aún?

2. POLITICA Y METAPOLITICA

Tal cuestión supera de hecho las fronteras de ayer; está claro que vencedores y vencidos están desde entonces en el mismo plano y que el único resultado de la Segunda Guerra Mundial ha consistido en rebajar a Europa al rango de objeto de las potencias y de los intereses extra-europeos. Es necesario, por otra parte, reconocer que la devastación que nos rodea es de carácter esencialmente moral. Nos encontramos en una atmósfera de anestesia moral generalizada, de profundo desarraigo, a pesar de todas las palabras de orden en uso en una sociedad democrática de consumo: el debilitamiento del carácter y de toda verdadera dignidad, el marasmo ideológico, el predominio de los intereses más bajos, la vida del día a día, he aquí lo que caracteriza, en general, al hombre de post-guerra. Reconocer esto significa también reconocer que el problema principal, el origen de cualquier otro, es de naturaleza interior: rebelarse, renacer interiormente, darse una forma, crear en sí mismos un orden y una rectitud. Nada han aprendido de las lecciones del pasado reciente quienes hoy todavía se ilusionan a propósito de las posibilidades de una lucha puramente política y sobre el poder de tal o cual fórmula o sistema, si no se parte, ante todo, de una nueva cualidad humana. Es éste un principio que hoy, más que nunca, debería aparecer con una evidencia absoluta: si un Estado tuviera un sistema político o social que, en teoría, valiera corno el más perfecto, pero en el cual la substancia humana fuese deficiente, entonces este Estado descendería antes o después al nivel de las sociedades más bajas, mientras que, por el contrario, un pueblo, una raza capaz de engendrar verdaderos hombres, hombres de intuición justa y de instinto seguro, alcanzaría un alto nivel de civilización y se mantendría en pie, firme frente a las más arduas y calamitosas pruebas, incluso aunque su sistema político fuera deficiente o imperfecto. Hay que adoptar, pues, una precisa posición contra el falso "realismo político", que piensa sólo en términos de programas, de problemas, de organización de partidos, de recetas sociales y económicas. Todo esto es contingente y en absoluto esencial. Lo que aún puede ser salvado depende, por el contrario, de la existencia o no de hombres que vivan no para predicar fórmulas, sino para ser ejemplos; no para ir al encuentro de la demagogia y del materialismo de las masas, sino para despertar diferentes formas de sensibilidad y de interés. Se trata de reconstruir un hombre nuevo a partir de lo que, pese a todo, sobrevive aún entre las ruinas, animarlo gracias a un determinado espíritu y una adecuada visión de la vida, fortificarlo mediante la adhesión férrea a ciertos principios. Este es el verdadero problema.

3. EL "ESPÍRITU LEGIONARIO"

En el plano espiritual, existe efectivamente algo que puede servir como orientación para las fuerzas de la resistencia y del alzamiento: es el espíritu legionario. Se trata de la actitud de quienes supieron elegir el camino más duro, de quienes supieron combatir aun siendo conscientes de que la batalla estaba materialmente perdida, de quienes supieron revivir y convalidar las palabras del antiguo lema: *La fidelidad es más fuerte que el fuego*, a través de la cual se afirma la idea tradicional de que el sentido del honor y de la vergüenza, y no las exiguas medidas extraídas de pequeñas moralinas, crea una diferencia substancial y existencial entre los seres, casi como entre una raza y otra. Por otra parte, en todo esto se perfila la realización de aquellos para quienes el fin aparece como un medio y el reconocimiento del carácter ilusorio de los múltiples mitos deja intacto lo que supieron conquistar por sí mismos, en las fronteras de la vida y la muerte, más allá del mundo de la contingencia.

Estas formas del espíritu pueden constituir los fundamentos de una nueva unidad. Lo esencial es asumirlas, aplicarlas y extenderlas desde el tiempo de guerra al tiempo de paz, de esta paz que no es más que una tregua y un desorden malamente contenido, hasta que se determine una discriminación y un nuevo frente de batalla en formación. Éste debe realizarse en términos mucho más esenciales de los que se dan en un "partido", que puede ser sólo un instrumento contingente en previsión de determinadas luchas políticas; incluso en términos más esenciales también que los representados por un simple "movimiento", si por "movimiento" se entiende solamente un fenómeno de masas y de agregación, un fenómeno cuantitativo más que cualitativo, basado más en factores emocionales que en la severa y franca adhesión a una idea. De lo que se trata es más bien de una revolución silenciosa, de origen profundo; esta revolución debe resultar de la creación, en el interior del individuo, de las premisas de un orden que, después, tendrá que afirmarse también en el exterior; entonces suplantará fulminantemente, en el momento justo, las formas y las fuerzas de un mundo de decadencia y de subversión. El "estilo" que debe imperar es el de quien se mantiene sobre posiciones de fidelidad a sí mismo y a una idea, en un recogimiento profundo; este estilo nace de un rechazo hacia toda componenda, en un empeño total que se debe manifestar no sólo en la lucha política sino también en toda expresión de la existencia: en las fábricas, laboratorios, universidades, calles, en el dominio personal de los afectos y los sentimientos. Se tiene que llegar al punto en que el tipo humano del que hablamos, que debe ser la sustancia celular de nuestras tropas en formación, sea reconocible, imposible de confundir, diferenciado, y pueda decirse de él: "he aquí alguien que actúa como un hombre del movimiento".

Esta consigna, propia de las fuerzas que soñaron con dar a Europa un orden nuevo, pero que a menudo fue en su realización falseada y obstaculizada por múltiples factores, debe ser hoy día retomada. Hoy, en el fondo, las condiciones son mejores, porque no existen equívocos y basta mirar alrededor, desde la calle al parlamento, para que las vocaciones sean puestas a prueba y se obtenga, claramente, la medida de lo que nosotros "no" debemos ser. Ante un mundo podrido cuyo principio es: "haz lo que veas hacer", o, también, "primero el vientre, el piel (tan citada por Curzio Malaparte), y después la moral", o: "éstos no son tiempos en que se pueda uno permitir el lujo de tener un carácter", o, finalmente: "tengo una familia que alimentar", nosotros oponemos esta norma de conducta, firme y clara: "No podemos actuar de otra forma, éste es nuestro camino, ésta es nuestra forma de ser". Todo lo que de positivo se podrá obtener hoy o mañana nunca se logrará mediante la habilidad de los agitadores y de los políticos, sino a través del natural prestigio y el reconocimiento de los hombres de la generación anterior, o, mejor aún, de las nuevas generaciones, hombres que serán capaces de todo ello y que suministrarán una garantía en favor de su idea.

4. POR UNA NUEVA ARISTOCRACIA

Es, pues, una substancia nueva la que debe afirmarse, en sustitución de aquella otra, podrida y desviada, creada en el clima de la traición y de la derrota, mediante un lento avance más allá de los esquemas, de los rangos y de las posiciones sociales del pasado. Se trata de una figura nueva que debemos tener ante los ojos para poder medir la propia fuerza y la propia vocación. Esta figura, es importante y fundamental reconocerlo, no tiene nada que ver con las clases en tanto que categorías sociales y económicas, ni con los antagonismos que les son relativos. Dicha figura podrá manifestase tanto bajo la forma del rico como del pobre, del obrero como del aristócrata, del empresario como del investigador, del técnico, del teólogo, del agricultor, del hombre político en sentido estricto. Pero esta nueva substancia conocerá una diferenciación interna, perfecta cuando no quepan dudas acerca de las vocaciones a las que seguir y sobre las funciones de la obediencia y del mando, cuando el más prístino símbolo de autoridad absoluta reine en el centro de las nuevas estructuras jerárquicas.

Esto define una dirección tan antiburguesa como antiproletaria, una dirección totalmente liberada de las contaminaciones democráticas y de las mentiras "sociales" y, por consiguiente, dirigida hacia un mundo claro, viril, articulado, hecho por hombres y por jefes de hombres. Despreciamos el mito burgués de la "seguridad", de la mezquina vida estandarizada, conformista, domesticada y "moralizada". Despreciamos el vínculo anodino propio de todo sistema colectivista y mecanicista y de todas las ideologías que confieren a los confusos valores "sociales" primacía sobre los valores heroicos y espirituales, por medio de los cuales se debe definir en todos los dominios, el tipo del hombre verdadero, de la persona absoluta. Algo esencial se conseguirá cuando se despierte nuevamente el amor por un estilo de impersonalidad activa, en el que lo que cuenta es la obra y no el individuo mediante el cual seamos capaces de considerar como algo importante no a nosotros mismos, sino a la función, la responsabilidad, la tarea que se acepta, el objetivo perseguido. Allí donde este espíritu se afirme se simplificarán muchos problemas de orden económico y social, los cuales quedarían sin solución si se afrontaran desde el exterior, sin la previa eliminación de la infección ideológica que, de partida, perjudica todo retorno a la normalidad e incluso la misma percepción de lo que significa normalidad.

5. LOS ESLABONES DE LA DECADENCIA

No sólo como orientación doctrinal, sino también respecto al mundo de la acción, es importante que los hombres alineados en el nuevo frente reconozcan con exactitud la concatenación de las causas y de los efectos y la continuidad esencial de la corriente que ha dado vida a las varias formas políticas que hoy se debaten en el caos de los partidos. Liberalismo, democracia, socialismo, radicalismo, en fin, comunismo o bolchevismo no han aparecido históricamente sino como grados de un mismo mal, como estadios que prepararon sucesivamente el proceso de una caída. El principio de esta caída se sitúa en el punto en el que el hombre occidental rompió los vínculos con la tradición, desconoció todo símbolo superior de autoridad y de soberanía, reivindicó para si mismo como individuo una libertad vana e ilusoria, se convirtió en un átomo en vez de en parte integrante de la unidad orgánica y jerárquica de un todo. El átomo, finalmente, tenía que chocar contra la masa de los restantes átomos, de los demás individuos, y hundirse en el reino de la cantidad, del mero número, de la masa materializada, no teniendo otro dios que la economía soberana. Y este proceso no se detiene a medio camino. Sin la revolución francesa, el liberalismo y la revolución burguesa no se habrían dado el constitucionalismo y la democracia; sin la democracia, no habrían surgido ni el socialismo ni el nacionalismo demagógico; sin la preparación puesta en marcha por el socialismo, no se habrían producido ni el radicalismo ni, finalmente, el comunismo. El hecho de que estas formas se presenten hoy solidarias o antagónicas, no debe impedir reconocer a un ojo atento que esas formas se mantienen unidas, se enlazan, se condicionan recíprocamente, y solamente expresan los distintos grados de una misma corriente, de una misma subversión del orden social normal y legítimo. Así, la gran ilusión de nuestro tiempo es creer que la democracia y el liberalismo sean la antítesis del comunismo y tengan el poder de contrarrestar la marea de las fuerzas más bajas, de lo que en la jerga al uso se llama el movimiento "progresista". Se trata de una ilusión: es como si alguien dijese que el crepúsculo es la antítesis de la noche, que el grado incipiente de un mal es la antítesis de su forma aguda y endémica, que un veneno diluido es la antítesis de ese mismo veneno en su estado puro y concentrado. Los hombres de gobierno de esta Italia "liberada" no han aprendido nada de la historia más reciente, cuyas lecciones se han repetido por todas partes hasta la monotonía, y continúan su juego conmovedor con concepciones políticas caducas y vanas en un carnaval parlamentario, cual danza macabra sobre un volcán latente. Para nosotros, en cambio, debe ser característico el coraje del radicalismo, el "no" dicho a la decadencia política en todas sus formas, sean de izquierda o de una presunta derecha. Y, sobre todo, se debe ser consciente de que con la subversión no se pacta, que hacer concesiones hoy significa condenarse y ser arrollado completamente mañana. Intransigencia de la idea, por lo tanto, y rapidez en avanzar con las fuerzas puras cuando llegue el momento adecuado.

Esto implica, naturalmente, desembarazarse además de la distorsión ideológica, desgraciadamente expandida entre una gran parte de nuestra juventud, y en función de la cual se aprueban coartadas destinadas a destrucciones ya consumadas, manteniendo la ilusión de que esas destrucciones, después de todo, son necesarias y servirán al "progreso"; se cree que se debe combatir por cualquier cosa "nueva", oculta en un indeterminado porvenir, y no por las verdades que ya poseemos, porque estas verdades, aunque bajo diversas formas de aplicación, siempre y en todas partes han servido de base a todo tipo recto de organización social y política. Rechazad estos caprichos y reíros de quien os acuse de "antihistóricos" y "reaccionarios". No existe la Historia como entidad misteriosa escrita con mayúscula. Son los hombres, mientras estos son realmente hombres, quienes hacen y deshacen la historia; el así llamado "historicismo" es más o menos lo mismo que en ambientes de izquierda se denomina "progresismo", y que sólo fomenta hoy la pasividad frente a la corriente que aumenta y empuja siempre hacia abajo. Y en cuanto al "reaccionarismo", preguntad: ¿Queréis, que mientras vosotros actuáis, destruyendo y profanando, nosotros no reaccionemos, sino que nos quedemos mirando y más aún, os animemos diciendo: bravo, continuad? Nosotros no somos reaccionarios, porque la palabra no es lo suficientemente fuerte y, sobre todo, porque partimos de lo positivo, representamos lo positivo, valores reales y originarios que no necesitan de ningún "sol del porvenir" [referencia al lema del Partido Socialista Italiano. NdT].

Frente a este radicalismo, aparece como irrelevante la antítesis entre el "Este" y el "Oeste", entre el "Oriente"' rojo y el "Occidente" democrático, y asimismo nos parece trágicamente irrelevante incluso un eventual conflicto armado entre estos dos bloques. De cara a un tiempo inmediato, subsiste ciertamente clara la elección del mal menor, porque la victoria militar del "Este" implicaría la destrucción física inmediata de los últimos exponentes de la resistencia. Pero, en el plano ideológico, Rusia y América del Norte deben considerarse como las dos garras de una misma tenaza que se va apretando alrededor de Europa. En estas dos formas distintas, pero convergentes, actúan estas fuerzas extrañas y enemigas. Las formas de estandarización, de conformismo, de nivelación "democrática", de frenesí productivo, de más o menos tiránico y explícito "brain trust", de materialismo práctico en el seno del americanismo, pueden servir sólo para allanar el camino para la fase posterior, que está representada, sobre la misma dirección, en el ideal puramente comunista del hombre-masa. El carácter distintivo del "americanismo" es su ataque a la cualidad y a la personalidad no se realiza mediante la brutal coacción de una dictadura marxista y de un pensamiento de Estado, sino casi espontáneamente, a través de las vías de una civilización que no conoce otros valores más altos que la riqueza, el rendimiento, la producción ilimitada, que es lo que por exasperación y reducción al absurdo eligió Europa, y en ella los mismos motivos han tomado forma o la están tomando. Pero el primitivismo, el mecanicismo y la brutalidad están tanto en una como en otra parte. En cierto sentido, el "americanismo" es más peligroso que el bolchevismo, al ser una especie de caballo de Troya. Cuando el ataque contra los valores residuales de la tradición europea se efectúa en la forma directa y desnuda propia de la ideología bolchevique y del estalinismo, aún se despiertan reacciones, ciertas líneas de resistencia que, aunque caducas, se pueden mantener. No sucede lo mismo cuando idéntico mal actúa en forma más sutil y las transformaciones acontecen imperceptiblemente en el plano de las costumbres y de la visión general de la vida, como sucede en el caso del americanismo. Sufriendo esta influencia bajo el signo de la libertad democrática, Europa se predispone a su última abdicación, tanto que podrá incluso suceder que no haya necesidad de una catástrofe militar, sino que por vía "progresiva" se llegue, tras una última crisis social, más o menos al mismo punto. Una vez más nada puede detenerse a mitad de camino. El americanismo, lo quiera o no, trabaja a favor de su aparente enemigo, el colectivismo.

6. CONTRA LA PRIMACÍA DE LO ECONÓMICO

Nuestro radicalismo de la reconstrucción exige que no se transija, no sólo con ninguna de las variedades de la ideología marxista o socialista, sino tampoco con aquello que en general se puede llamar la alucinación o el demonismo de la economía. Se trata de la idea de que en la vida individual y colectiva el factor económico sea lo más importante, real y decisivo; que la concentración de los valores e intereses en el plano económico y productivo no sea la aberración sin precedentes del hombre occidental moderno, sino algo normal, no una brutal y eventual necesidad, sino algo que se desea y se exalta. En este círculo cerrado y oscuro se encuentran atrapados tanto el capitalismo como el marxismo. Debemos romper este círculo. Mientras no se hable más que de clases económicas, trabajo, salarios, producción, mientras se piense que el verdadero progreso humano, la verdadera elevación del individuo, está solamente condicionado por un particular sistema de distribución de la riqueza y de los bienes y tenga relación con la pobreza y el bienestar, con el estado de la prosperidad o con el socialismo utópico, se permanecerá siempre en el plano de lo que debe combatirse. Nosotros afirmamos que todo aquello que es economía e interés económico como mera satisfacción de la necesidad animal, ha tenido, tiene y siempre tendrá una función subordinada en una humanidad normal; que más allá de esta esfera debe diferenciarse un orden de valores superiores, políticos, espirituales y heróicos, un orden que -como ya hemos dicho- no conoce y ni siquiera admite "proletarios" o "capitalistas" y que sólo en función de dicho orden se deben definir aquellas cosas por las que vale la pena vivir y morir; un orden que debe establecer una verdadera jerarquía, diferenciar nuevas dignidades y, en la cumbre, entronizar la superior función del mando, del Imperium.

Así, a este respecto, deben desarraigarse muchas malas hierbas que han crecido también en nuestras filas. ¿Qué significa, si no, ese discurso sobre el "Estado del Trabajo", el "socialismo nacional", el "humanismo del trabajo" y similares? ¿qué significan esas llamadas más o menos explícitas a una involución de la política dentro de la economía, recogiendo así una de esas tendencias problemáticas hacia un "corporativismo integral" y, en el fondo, acéfalo, que en el fascismo ya encontró, afortunadamente, el paso obstruido? ¿Qué es eso de considerar la formula de la "socialización" como una especie de fármaco universal y elevar la "idea social" a símbolo de una nueva civilización que, quién sabe cómo, debería estar más allá tanto del "Este" como del "Oeste"?

Estos puntos oscuros están presentes -es necesario reconocerlo- en no pocos espíritus que, también se encuentran en nuestro mismo frente. Piensan que se mantienen fieles a una consigna "revolucionaria", cuando en realidad obedecen sólo a sugestiones más fuertes que ellos mismos, que saturan un ambiente político degradado. Y entre tales sugestiones se encuentra la misma "cuestión social". ¿Cuándo se tomará conciencia de la verdad, es decir, de que el marxismo no ha surgido porque haya existido una cuestión social objetiva, sino que la cuestión social surge -en numerosísimos casos- sólo porque existe un marxismo, es decir, artificialmente, y sin embargo, en términos casi siempre insolubles, por obra de agitadores (los famosos "excitadores de la conciencia de clase") sobre los que Lenin se ha expresado muy claramente, refutando el carácter espontáneo de los movimientos revolucionarios proletarios?

Partiendo de esta premisa se debería actuar, en el sentido antes mencionado de la desproletarización ideológica y de la desinfección de las partes aún sanas del pueblo del virus político socialista. Sólo entonces, una y otra reforma podrá ser estudiada y realizada sin peligro, según la verdadera justicia.

Así mismo hay que valorar la idea corporativa y ver si puede ser una de las bases del proceso de reconstrucción: entendemos el corporativismo, no tanto como un sistema general de equilibrio estático y casi burocrático que mantenga la idea nociva de opuestas formaciones clasistas, sino como voluntad de encontrar, en el mismo seno de la empresa, esa unidad, esa solidaridad de fuerzas diferenciadas que la prevaricación capitalista (con el tipo más reciente y parásito del especulador y del capitalista financiero), por un lado, y la agitación marxista, por otro, han perjudicado y roto. Es necesario restituir a la empresa una forma de unidad casi militar, en la cual al espíritu de responsabilidad, a la energía y a la competencia de quien dirige, se acompañen el de la solidaridad y la fidelidad de las fuerzas laborales asociadas alrededor de él en la común empresa o misión. Si se considera su aspecto legítimo y positivo, tal es entonces el sentido de la "socialización". Pero esta designación, como se ve, es poco apropiada, pues es más bien de una reconstrucción orgánica de la economía y de la empresa de lo que se debería hablar, y deberíamos guardarnos, usando esta fórmula con simples objetivos de propaganda, de adular el espíritu de sedición de las masas transformado en "justicia social" proletaria. El único verdadero objetivo es la reconstrucción orgánica de la empresa, y para realizar este objetivo no es necesario recurrir a fórmulas destinadas a estimular, en el marco de sucias maniobras electorales y propagandísticas, el espíritu de sedición de las masas disfrazado de "justicia social.. En general, debería recuperarse el mismo estilo de impersonalidad activa, de dignidad, de solidaridad en la producción, que fue el estilo propio de las antiguas corporaciones o gremios de artesanos y profesionales. El sindicalismo con su "lucha" y con sus auténticos chantajes, de los que no se nos ofrecen hoy sino demasiados ejemplos, debe ser proscrito. Pero, repitámoslo, a esto se debe llegar partiendo desde el interior. Lo importante es que, contra toda forma de resentimiento y de rivalidad social, cada uno sepa reconocer y amar su propia función, aquella que verdaderamente es conforme a su propia naturaleza, reconociendo así los límites dentro de los cuales puede desarrollar sus potencialidades y conseguir una perfección propia; porque un artesano que desempeña perfectamente su función es indudablemente superior a un rey que se desvía y que no está a la altura de su dignidad.

En particular, podemos admitir un sistema de competencias técnicas y de representaciones corporativas para sustituir al parlamentarismo de los partidos; pero debe tenerse presente que las jerarquías técnicas, en su conjunto, no pueden significar nada más que un grado en la jerarquía integral: se refieren al orden de los medios, que han de subordinarse al orden de los fines, al cual por tanto corresponde la parte propiamente política y espiritual del Estado. Hablar, pues, de un "Estado del trabajo" o de "la producción" equivale a hacer de la parte un todo y reducir, por analogía, un organismo humano a sus funciones simplemente físico-vitales. Una tal elección, oscura y obtusa, no puede ser nuestra bandera, al igual que tampoco la idea social. La verdadera antítesis, tanto frente al "Este" como frente al "Oeste", no es el "ideal social". Lo es, en cambio, la idea jerárquica integral. Respecto a esto, ninguna incertidumbre es tolerable.

7. LA IDEA ORGÁNICA

Si la idea de una unidad política viril y orgánica formó ya parte esencial del mundo que fue vencido -y se sabe que, entre nosotros, se evocó de nuevo el símbolo romano- debemos también reconocer los casos en los cuales esta exigencia se desvió y abortó hacia la dirección equívoca del "totalitarismo". Esto, de nuevo, es un punto que debe verse con claridad, a fin de que la diferencia entre los frentes sea precisa y no se suministren armas a quienes quieren confundir las cosas. Jerarquía no es jerarquismo (un mal éste que, desgraciadamente, intenta extenderse en nuestros días), y la concepción orgánica nada tiene que ver con una esclerosis de la idolatría del Estado ni con una centralización niveladora. En cuanto a los individuos, la verdadera superación, tanto del individualismo como del colectivismo, se da solamente cuando los hombres se encuentran frente a los hombres, en la diversidad natural de su ser y de su dignidad, teniendo gran importancia el antiguo principio de que "la suprema nobleza de los jefes no es la de ser amos de siervos, sino señores que también aman la libertad de quienes les obedecen". Y en cuanto a la unidad que debe impedir, por regla general, toda forma de disociación y de absolutización de lo particular, tiene que ser esencialmente espiritual, debe ser y tener una influencia central orientadora, un impulso que, según los dominios, asume las más diferentes formas de expresión. Ésta es la verdadera esencia de la concepción "orgánica", opuesta a las relaciones rígidas e intrínsecas propias del "totalitarismo". En este marco, la exigencia de la libertad y de la dignidad de la persona humana, que el liberalismo sabe concebir solamente en términos individualistas, igualitarios y privados, puede realizarse integralmente. En este espíritu deben ser estudiadas las estructuras de un nuevo orden político y social, de sólidas y claras articulaciones.

Pero estas estructuras necesitan de un centro, de un punto supremo de referencia. Es necesario un nuevo símbolo de soberanía y de autoridad. La consigna a este respecto debe ser precisa, puesto que no podemos admitir tergiversaciones ideológicas. Se debe decir claramente que aquí no se trata del llamado problema institucional sino de modo subordinado; se trata, ante todo, de aquello que es necesario para lograr una "atmósfera" específica que haga posible el fluido que debe animar toda relación de fidelidad, de dedicación, de servicio, de acción desinteresada, hasta superar verdaderamente el gris, mecanicista y torcido mundo político y social actual.

En este camino hoy se acabará en un callejón sin salida si no se es capaz de asumir una especie de áscesis de la idea pura. Para numerosos espíritus, la percepción clara de la dirección justa viene perjudicada tanto por algunos antecedentes poco felices de nuestras tradiciones nacionales como por las trágicas contingencias de un pasado reciente. Estamos dispuestos a admitir la incoherencia de la solución monárquica, si se piensa en aquellos que hoy en día sólo saben defender el residuo de una idea, un símbolo vacío y desvirilizado, como lo es el de la monarquía constitucional y parlamentaria. Pero, del mismo modo, debemos declarar nuestro rechazo de la idea republicana. Ser antidemócrata por un lado, y por otro defender "ferozmente" (tal es desgraciadamente la terminología de algunos exponentes de una falsa intransigencia) la idea republicana es un absurdo que salta a los ojos: la república (en su representación moderna, pues las repúblicas antiguas fueron aristocracias -como en Roma- u oligarquías, éstas a menudo con carácter de tiranías) pertenece esencialmente al mundo surgido tras el jacobinismo y la subversión antitradicional y antijerárquica del siglo XIX. Que se la deje entonces a ese mundo, que no es el nuestro. En cuanto a Italia, es inútil jugar al equívoco en nombre de una presunta fidelidad al fascismo de Saló, pues si por esta razón se debiera seguir la falsa vía republicana, se sería precisamente infiel a algo superior, se echaría por la borda el núcleo central de la ideología del Ventenio, es decir, su doctrina del Estado como autoridad, poder, imperium.

Ésta es la doctrina que se debe seguir, sin consentir en descender de nivel ni hacer el juego a ningún grupo. La concreción del símbolo, por ahora, puede quedar indeterminada. Decir solamente: Jefe, Jefe del Estado. Aparte de esto, el principal y esencial deber es preparar silenciosamente el ambiente espiritual adecuado para que el símbolo de la autoridad intangible sea percibido y reasuma su pleno significado: a tal símbolo no podría corresponder la estatura de cualquier revocable "presidente" de la república, ni tampoco un tribuno o jefe popular, detentador de un simple poder individual informe, privado de un carisma superior, de un poder basado de hecho en la fascinación precaria que ejerce sobre las fuerzas irracionales de la masa. Este fenómeno, llamado por algunos "bonapartismo", ha sido interpretado justamente, no como lo contrario de la democracia demagógica o "popular", sino como su lógica conclusión: el "bonapartismo" es una de las sombrías apariciones de la spengleriana "decadencia de Occidente". Ésta es otra piedra de toque y una prueba para los nuestros: la sensibilidad respecto a todo esto. Ya un Carlyle había hablado "del mundo de los siervos que quieren ser gobernados por un pseudo-Héroe", y no por un Señor.

8. LA PATRIA DE LA IDEA

En un análogo orden de ideas debe ser precisado otro punto. Se trata de la posición que se debe tomar frente al nacionalismo y a la idea genérica de patria. Esto es especialmente oportuno en cuanto que, muchos, intentando salvar aun lo que puede ser salvado, querrían hacer valer de nuevo una concepción romántica, sentimental y al mismo tiempo naturalista de la nación, idea extraña a la más alta tradición política europea y poco conciliable con la misma concepción del Estado de la que se ha hablado. Abstracción hecha de que la idea de patria sea invocada entre nosotros, de manera retórica e hipócrita, por las facciones más opuestas, e incluso por los representantes de la subversión roja, concretamente hablando esta concepción no está a la altura de la época, pues, por un lado, se asiste a la formación de grandes bloques supranacionales, mientras que, por otro, aparece cada vez más necesario encontrar un punto de referencia europeo, capaz de unir fuerzas, más allá del inevitable particularismo inherente a la concepción naturalista de la nación y, aun más, del "nacionalismo. Pero más esencial es la cuestión de principio. El plano político, en tanto que tal, es el de las unidades superiores con respecto a las unidades definidas en términos naturalistas, como es el caso de aquellas que corresponden a las nociones genéricas de nación, patria y pueblo. En este plano superior, lo que une y divide es la idea, una idea encarnada por una determinada élite tendente a concretarse en el Estado. Por ello, la doctrina fascista -fiel en ello a la mejor tradición política europea-, otorga a la Idea y al Estado la primacía sobre la nación y el pueblo, y estima que nación y pueblo no adquieren un sentido y una forma y no participan en un grado superior de existencia más que en el interior del Estado. Justamente, en períodos de crisis como el actual, es necesario mantenerse firmes en esta doctrina. En la Idea debe ser reconocida nuestra verdadera patria. Lo que cuenta hoy no es el hecho de pertenecer a una misma tierra o de hablar una misma lengua, sino el hecho de compartir la misma idea. Tal es la base, el punto de partida. A la unidad colectivista de la nación -*des enfants de la patrie*- en la forma en que ha predominado cada vez más a partir de la revolución jacobina, oponemos algo que se asemeje a una Orden, hombres fieles a los principios, testimonios de una autoridad y de una legitimidad superiores procedentes precisamente de la Idea. Aunque hoy seria deseable, en cuanto a los fines prácticos se refiere, avanzar hacia una nueva solidaridad nacional, para alcanzarla no se debe descender a ningún tipo de compromiso; la condición sin la cual todo resultado sería ilusorio es que se aísle y tome forma un frente definido por la Idea, en tanto que idea política y visión de la existencia. Hoy no existe otro camino: es necesario que, de entre las ruinas, se renueve el proceso de los orígenes, aquel que, basado en las elites y en un símbolo de soberanía y de autoridad, hizo unirse a los pueblos dentro de los grandes Estados tradicionales, como otras tantas formas surgiendo de lo informe. No se debe entender que este realismo de la idea signifique mantenerse en un plano que es, en el fondo, infrapolítico: el plano del naturalismo y del sentimentalismo, por no decir claramente el de la retórica patriotera.

Y en el caso de que quisiéramos igualmente apoyar nuestra idea en las tradiciones nacionales, habría que estar atentos, pues existe toda una "historia nacional" de inspiración masónica y antitradicional especializada en atribuir el carácter nacional italiano a los aspectos más problemáticos de la historia de Italia, comenzando con la rebelión de las Comunas apoyadas por el güelfismo. Así, toma relieve una "italianidad" tendenciosa, en la cual nosotros, que hemos escogido el símbolo romano, no podemos ni queremos reconocernos. Esa "italianidad" se la dejamos, con mucho gusto, a quienes, con la "liberación" y el movimiento partisano, han celebrado el "segundo Risorgimiento".

Idea, Orden, elite, Estado, hombres de Orden. Éstos son los términos en los que debe mantenerse la línea fundamental, mientras sea posible.

9. CONCEPCIÓN DEL MUNDO Y MITOS MODERNOS

Es necesario ahora hablar del problema de la cultura. En efecto, la cultura no debe ser sobrevalorada. Lo que llamamos "visión del mundo" no se basa en los libros; es una forma interior que puede encontrarse con más autenticidad en una persona sin una particular cultura que en un "intelectual" o en un escritor. Se puede imputar como hecho nefasto de la "cultura libre", al alcance de todo el mundo, que el individuo esté indefenso frente a los influjos de todo género, incluso cuando es incapaz de mostrarse activo frente a ellos, de discriminar y juzgar según un criterio justo.

Pero no es éste el lugar de extenderse sobre tal punto. Baste decir que, en el estado actual de las cosas, existen corrientes específicas contra las cuales los jóvenes de hoy deben defenderse interiormente. Ya hemos hablado de un estilo de rectitud y de una actitud interna. Tal estilo implica un justo saber, y en especial los jóvenes deben darse cuenta de la intoxicación operada en toda una generación por parte de las variedades de una visión de la existencia distorsionada y falsa, variedades que han incidido en las fuerzas internas precisamente en el punto donde su integridad sería más necesaria. De una forma u otra, estas toxinas continúan hoy actuando en la cultura, en la ciencia, en la sociología, en la literatura, como otros tantos focos de infección que deben ser denunciados y neutralizados. Aparte del materialismo histórico y el economicismo, sobre los cuáles ya se ha hablado, también son principales núcleos de infección el darwinismo, el psicoanálisis, el existencialismo, el neorrealismo.

Contra el darwinismo se debe reivindicar la dignidad fundamental de la persona humana, reconociendo su verdadero lugar, que no es el de una particular y más o menos evolucionada especie animal entre tantas diferenciada por "selección natural" y que permanecería ligada a orígenes animalescos y primitivos, sino a un estatuto tal que virtualmente la eleve por encima del plano biológico. Aunque hoy no se hable demasiado del darwinismo, su substancia perdura. El mito biológico darwinista, en una u otra de sus variantes, mantiene su valor preciso de dogma, defendido por los anatemas de la "ciencia" en el seno del materialismo de la civilización marxista y americana. El hombre moderno se ha acostumbrado a esta concepción degradada, se reconoce en ella tranquilamente y la encuentra natural.

Contra el psicoanálisis, debe prevalecer el ideal de un Yo que no abdica, que quiere permanecer consciente, autónomo y soberano frente a la parte nocturna y subterránea de su alma y frente al demonio de la sexualidad; que no se siente ni "reprimido" ni psicológicamente escindido, sino que realiza un equilibrio de todas sus facultades humanas, ordenadas hacia la realización de un significado superior de la vida y de la acción. Puede ser señalada una convergencia evidente: el descrédito arrojado sobre el principio consciente de la persona, el relieve dado por el psicoanálisis y otras escuelas análogas al subconsciente, a lo irracional, al "inconsciente colectivo", etc., corresponden, en el individuo, exactamente a lo que representan, en el mundo social e histórico moderno, el movimiento surgido desde abajo, la subversión, la sustitución revolucionaria de lo superior por lo inferior y el desprecio por todo principio de autoridad. Sobre dos planos diferentes actúa la misma tendencia, y los efectos no pueden sino integrarse recíprocamente.

En cuanto al existencialismo, incluso aunque veamos en él propiamente una filosofía confusa hasta hace poco reducida a pequeños grupos de especialistas, es necesario reconocer en él el estado del alma de una crisis erigida en sistema y adulada, la verdad de un tipo humano roto y contradictorio, que sufre como angustia, tragedia y absurdo una libertad ante la cual no se siente elevado, sino más bien condenado, sin salida y sin responsabilidad, en el seno de un mundo privado de valor y de sentido. Todo ello, mientras que ya el mejor Nietzsche había indicado una vía para dar un sentido a la existencia, para darse una ley y un valor intangible frente a un nihilismo radical, al encuentro de un existencialismo positivo y, según su expresión, de "naturaleza noble".

Tales deben ser las direcciones a seguir, que no deben ser intelectualizadas, sino vividas, integradas en su significado inmediato a la vida interior y a la propia conducta. No es posible rebelarse mientras se permanezca, de un modo u otro, bajo la influencia de estas formas de pensar falsas y desviadas. Pero, una vez desintoxicados, se puede adquirir la claridad, la rectitud, la fuerza.

10. REALISMO Y ANTIBURGUESISMO

En la zona que está entre la cultura y la costumbre existe una actitud que debe ser precisada. Lanzada por el comunismo, la consigna del antiburguesismo ha sido recogida en el campo de la cultura por ciertos ambientes intelectuales de "vanguardia". En esto hay un equívoco. Dado que la burguesía ocupa una posición intermedia, existe una doble posibilidad de superar a la burguesía, de decir "no" al tipo burgués, a la civilización burguesa, al espíritu y a los valores burgueses. Una de estas posibilidades corresponde a la dirección que conduce todavía más bajo, hacia una subhumanidad colectivizada y materializada, con su "realismo" marxista: valores sociales y proletarios contra la "decadencia burguesa" e "imperialista". La otra posibilidad es la dirección de quien combate a la burguesía para elevarse efectivamente por encima de ella. Los hombres del nuevo frente serán, ciertamente, antiburgueses, pero en razón de su concepción superior, heroica y aristocrática de la existencia; serán antiburgueses porque despreciarán la vida cómoda;

antiburgueses porque seguirán no a quienes prometen ventajas materiales, sino a quienes lo exigen todo de si mismos; antiburgueses, en fin, porque no tendrán la preocupación de la seguridad, sino que amarán la unión esencial entre la vida y el riesgo, en todos los niveles, haciendo suya la inexorabilidad de la idea desnuda y de la acción precisa. Otro aspecto por el cual el hombre nuevo, sustancia celular del movimiento que despierta, será antiburgués y se diferenciará de la generación precedente será su rechazo hacia toda forma de retórica y de falso idealismo, su desprecio hacia todas las grandes palabras que se escriben con mayúscula, hacia todo aquello que es sólo gesto, golpe de efecto, escenografía. Renuncia y autenticidad por el contrario, nuevo realismo en la exacta apreciación de los problemas que se impondrán, de modo que lo importante no será la apariencia, sino el ser, no la palabrería, sino la realización, silenciosa y precisa, en sintonía con las fuerzas afines y en adhesión al mandato proveniente de lo alto.

Quien contra las fuerzas de izquierda no sabe reaccionar sino en nombre de los ídolos, del estilo de vida y de la mediocre modalidad conformista del mundo burgués, ya ha perdido, por anticipado, la batalla. No es este el caso del hombre en pie, que ha pasado por el fuego purificador de las destrucciones externas e internas. Políticamente, este hombre no es el instrumento de una pseudo-reacción burguesa. Se remite, por regla general, a las fuerzas e ideales anteriores y superiores al mundo burgués y a la era económica, y apoyándose en ellos traza líneas de defensa y consolida las posiciones desde donde partirá, súbitamente, en el momento oportuno, la acción de la reconstrucción.

También a este respecto queremos retomar una consigna no realizada: porque se sabe que en el período fascista hubo una tendencia antiburguesa que habría querido afirmarse en un sentido similar. Desgraciadamente, tampoco aquí la substancia humana estuvo a la altura de las circunstancias. E incluso se supo hacer una retórica de la anti-retórica.

11. SUPERACIÓN DEL ESTADO LAICO

Consideremos brevemente, por último, el tema de las relaciones entre las fuerzas que han conservado su integridad, que no han abdicado, y la religión dominante. Para nosotros, el Estado laico, en cualquiera de sus formas, pertenece al pasado. En particular, nos oponemos a uno de sus disfraces, el que en ciertos ambientes se presenta como el "Estado ético", producto de una débil, espurea, vacía y confusa filosofía "idealista", aliada antaño con el fascismo, pero cuya naturaleza, es tal que puede facilitar un apoyo comparable, en el marco de un simple juego "dialéctico", al antifascismo de un Croce. Esta filosofía no es más que un producto de la burguesía laica y humanista, a la que se suma la presunción del "libre-pensamiento" de un "profesor de liceo" en trance de celebrar la infinidad del "Espíritu absoluto" y del "Acto Puro": nada hay de real, de claro, de duro, en esta filosofía.

Pero si bien nos oponemos a tales ideologías y al Estado laico, tampoco aceptamos un Estado clerical o clericalista. El factor religioso es necesario como fundamento para una verdadera concepción heroica de la vida, esencial para nuestra lucha. Es necesario sentir en nosotros mismos la evidencia de que más allá de esta vida terrestre existe una vida más alta; solamente quien siente así posee una fuerza inquebrantable, y sólo él será capaz de un impulso absoluto - cuando esto falta, el desafío a la muerte y el desprecio a la propia vida es posible sólo en momentos esporádicos de exaltación o ante el desencadenamiento de las fuerzas irracionales; no hay disciplina que se pueda justificar, en el individuo, sin un significado superior y autónomo. Pero esta espiritualidad, que debe estar viva entre los nuestros, no tiene necesidad de formulaciones dogmáticas obligadas, ni de una confesión religiosa determinada; el estilo de vida que debe desarrollarse no es, en modo alguno, el del moralismo católico, que no va más allá de una domesticación "virtuísta" del animal humano. Políticamente hablando, esta espiritualidad no puede sino sentir desconfianza hacia todo lo que se deduce de ciertos aspectos de la concepción cristiana -humanitarismo, jusnaturalisrno, igualdad, ideal del amor y del perdón, en lugar del ideal del honor y de la justicia-. Ciertamente, si el catolicismo fuera capaz de apartarse del plano contingente y político, si fuese capaz de hacer suya una elevación ascética y si fuera capaz, sobre esta base; como en una continuación del espíritu del mejor Medievo de los cruzados; de convertir la fe en el alma de un bloque armado de fuerzas, de una nueva Orden templaria compacta e inexorable contra las corrientes del caos, del abandono, de la subversión y del materialismo práctico del mundo moderno e incluso en el caso en que, como condición mínima, el catolicismo permaneciera fiel a la posición del Syllabus, entonces no habría ni un instante de duda en cuanto a la opción a seguir. Pero tal como están las cosas, dado el nivel mediocre y, en el fondo, burgués y mezquino al cual prácticamente ha descendido en la actualidad todo lo que es religión confesional, dada la sumisión modernista y la cada vez mayor apertura a la izquierda de la Iglesia post-conciliar del "aggiornamento", bastará para nuestros hombres la pura referencia al espíritu, y valdrá precisamente como la evidencia de una realidad trascendente, que debe ser invocada no por evasión mística o como coartada humanitaria, sino para infundir nueva fuerza a nuestra fuerza, para presentir que nuestro combate no es puramente político, para atraer una invisible consagración sobre un nuevo mundo de hombres y de jefes de hombres.

Éstas son algunas orientaciones esenciales para la lucha en la que se va a combatir, escritas sobre todo con especial atención para la juventud, a fin de que ésta recoja la antorcha y la consigna de quienes aun no han renunciado, aprendiendo de los errores del pasado, sabiendo discriminar y prever todo lo que se ha experimentado y que aun hoy se experimenta en cuanto a situaciones contingentes. Lo esencial es no descender al nivel de los adversarios, no limitarse a seguir simples consignas, no insistir en demasía sobre lo que depende del pasado y que, aun siendo digno de ser recordado, no tiene el valor actual e impersonal de una idea-fuerza; en fin, no ceder a las sugestiones del falso realismo politiquero, problema éste de todos los "partidos". Ciertamente, es necesario que nuestras fuerzas tomen parte también en la lucha política y polémica del cuerpo a cuerpo, para crearse todo el espacio posible en la situación actual y contener el avance de las fuerzas de izquierdas. Pero más allá de esto, es importante y esencial que se constituya una elite, que, con aguerrida intensidad, definirá, con un rigor intelectual y una intransigencia absolutos, la idea en función de la cual es preciso unirse, y afirmará esta idea sobre todo en la forma del hombre nuevo, del hombre de la resistencia, del hombre en pié entre las ruinas. Si nos es dado superar este período de crisis y de orden vacilante e ilusorio, sólo a este tipo de hombre corresponderá el futuro. Pero incluso si el destino que el mundo moderno se ha creado, y que lo arrolla todo, no pudiera ser contenido, gracias a tales premisas las posiciones interiores permanecerán intactas: en cualquier circunstancia, lo que debe ser hecho será hecho, y perteneceremos así a esa patria a la que ningún enemigo podrá nunca ocupar ni destruir.

ENTREVISTA CON JULIUS EVOLA
por Elisabet Antevi.

JULIUS EVOLA Y EL NACIONALSOCIALISMO

1- Introducción

En su contestación a la PREGUNTA nº4, Evola habla de su correspondencia con Guénon y de cómo este último opinaba que la tradición occidental es el catolicismo. Dice Evola que Guénon decía que "las tentativas de recuperación por parte de Occidente deberían apuntar a devolver al catolicismo su dimensión metafísica y tradicional, ahora olvidadas".

En la respuesta a la PREGUNTA nº6, Evola detalla su visión sobre la idea del progreso y la degradación: "Seguimos un mecanismo de involución y no de evolución. Desde el punto de vista espiritual, la historia experimenta un mecanismo de degradación más que de progreso..". En su libro *Metafísica del sexo* Evola dice: «No es el hombre el que desciende del mono, por evolución, sino que el mono proviene del hombre por involución. Los pueblos primitivos no son los pueblos originales, sino vestigios degenerados, crepusculares, nocturnos, de razas más antiguas hoy por completo extintas".

PREGUNTA 14. La entrevistadora pregunta: ¿Conoció usted a Gurdjieff?. Evola contesta: "No personalmente, pero creo que era más importante lo que hacía que lo que decía. No conviene prestar demasiados oídos a los sujetos que han sido algo en la vida. Se corre el riesgo de que aquéllos no tengan la suficiente cultura para exponer sus ideas o soslayen el verdadero núcleo de su personalidad".

La contestación a la PREGUNTA 17 es interesante porque en ella hace un análisis de la situación alemana que según él dio lugar al nacionalsocialismo: "... fue en Alemania donde el libro (*Rebelión contra el mundo moderno*) tuvo gran repercusión. La situación allí era muy distinta (a la italiana). Re-querirían demasiado tiempo analizar las fuerzas en presencia, cuando la génesis del nacionalsocialismo. El hecho más importante era que la cultura alemana, aparte ciertos matices académicos y pedantes, estaba sensibilizada al mito y al símbolo, al contrario que los italianos, racionalistas y católicos. En nuestro país, sólo el filósofo Gian Battista Vico, en el siglo XVIII, constituyó una excepción, mientras que en Alemania el romanticismo preparó el terreno.

De otro lado, quedaban los vestigios de una sociedad feudal, el prusianismo y sus ambiciones, la nostalgia del Deutsche Ritterorder de los Caballeros de la Orden

Teutónica. Todos esos medios estaban interesadísimos en mis ideas, tanto más cuanto que yo partía de la idea de una raza boreal primigenia más que de una raza aria. Por lo demás, el término "ario" pertenece al vocabulario filosófico".

La contestación a la PREGUNTA 18 la considero de mucho interés por los datos que aporta Evola sobre la relación que tenía con el nacionalsocialismo y su idea interna de lo que era el movimiento. De lo que dice apunto a tres frases como más destacadas:

- "En este medio, opuesto al "populismo dictatorial" del nacional-socialismo mi obra fue muy bien acogida. Por otro lado, siendo extranjero e italiano podía decir cosas que hubieran enviado a cualquier otro a un campo de concentración". Es decir, Evola dice que el núcleo de la oficialidad SS era "opuesto al populismo dictatorial del nacionalsocialismo".

- Otra frase a destacar es: "Por otro lado, siendo extranjero e italiano podía decir cosas que hubieran enviado a cualquier otro a un campo de concentración". Aquí Evola no nos dice cuáles son esas cosas que en su opinión tanto habrían ofendido al NS que caso de no haber sido él un extranjero italiano en Alemania habría acabado en un campo de concentración.

- También destacable esta frase donde el mismo Evola resume la concepción evoliana de la raza:

"Y, sin embargo, mi doctrina de la raza no era la misma que la de los alemanes. Su concepción de la unidad -equívoca- del alma y del cuerpo, los llevaba a determinar las cualidades morales a partir del fondo biológico. La concepción de la raza corresponde, a todas luces, a la concepción que uno tiene del hombre. Desde el punto de vista tradicional, el hombre no es "bios", vida, materia animada. Los tres elementos fundamentales siempre han sido el cuerpo, el alma y la mente".

La PREGUNTA 24 es respondida por Evola así:

"Si es que existen judíos peligrosos, desde luego no son los que habitan en Israel, cuyas gentes trabajan, se organizan y dan prueba de extraordinarias dotes militares. Los peligrosos son aquellos que habitan en las grandes urbes de Occidente, a los que la democracia deja libres las manos. Por otra parte, en el caso de que alguien pretendiera hoy replantear la cuestión judía, llegaría tarde, pues ya no existe". Recordar aquí que la existencia del estado de Israel se fundamenta principalmente en la financiación y el desangre de los estados USA y post-Alemania ocupada. Esta financiación-desangre se produce gracias a la Alta Finanza Internacional judía y al apoyo incondicional que esta encuentra en "el gueto".

En la contestación a la PREGUNTA 25 Evola habla sobre sus amigos judíos y sobre su particular concepción de la mujer en general: "Sí (tuve amigos judíos); sobre todo amigas. Si ha leído usted "Sexo y carácter", de Weininger, comprenderá el porqué. Weininger, cuya obra traduje al italiano, es un judío que procesa a los demás judíos. Ante todo, señala, es preciso determinar con carácter previo quién es judío, del mismo modo que se establecen las propiedades del triángulo sin tener en cuenta el triángulo de la realidad. Luego, según ese esquema, hay que examinar en qué grado se halla extendida la condición de judío. Los judíos siempre han tenido necesidad de sobrevivir y de saber mentir. Ahora bien, Weininger, que pertenecía a esta raza de ascetas a que antes me refería, y que consideraba a la mujer como un instrumento del diablo, realiza una extraña comparación entre la mujer y el judío: el hombre es a la mujer, dice, lo que el ario es al judío. La mujer miente como miente el judío, y, por lo tanto, nadie es mujer a tan justo título como la hembra judía". Me parece que Evola aquí hace un análisis injusto pues todos tenemos mujeres en nuestras vidas, empezando por nuestras propias madres. El hombre y la mujer somos COMPLEMENTARIOS, ni más ni menos. Esto no tiene nada que ver con el ANTAGONISMO natural ario - judío.

En la respuesta a la PREGUNTA 28 Evola explica su posición sobre Himmler: "Las SS pretendían adueñarse de los centros neurálgicos del Estado, lo que provocaba una tensión entre ellas y el partido nazi".

Y finalmente en la respuesta a la PREGUNTA 29 Evola dice: "(Himmler) era feo. De corta estatura, usaba quevedos, rostro mongólico. Jamás lo habrían admitido en el cuerpo de haberse presentado voluntario".

2- Entrevista con Julius Evola por Elisabet Antevi

1. Las ideas de René Guénon, que, por otra parte, usted tradujo al italiano, ¿ejercieron gran influjo en su pensamiento?

-Sí, con la salvedad de que Guénon es un brahmán, como dirían en la India antigua, un pensador apartado del mundo, mientras que yo soy un Kshatriya, un guerrero, un hombre de acción.

2. En *La crise du monde moderne* éste es, precisamente, el reproche que Guénon formula al hombre occidental: el haberse convertido en un ser de acción inmediata, olvidándose de los valores espirituales, lo cual, según él, es una de las causas de la decadencia de Occidente.

-Guénon admite que al principio había un poder único. Realeza y sacerdocio eran la misma cosa. Se trata de un fenómeno que se ha mantenido en países como Japón. Luego, Guénon comprueba -y yo estoy de acuerdo con él- que en un momento dado ambos polos se separan. Pero, según su idea, la condición normal sería la reincorporación al seno de la antigüedad primordial por me-dio de la realeza, la cual, al modo de autoridad suprema, recibiría el crismón de la casta sacerdotal, o sea de la Iglesia cristiana; y en eso sí que discrepo.

Según mis convicciones, la acción puede integrarse de forma autónoma a la vida espiritual. Estas ideas que ex-preso están contenidas en una de mis obras más importantes: *Rivolta contro il mondo moderno*, publicada en Italia, en 1934, y un año más tarde en Alemania. En ella tuve oportunidad de plasmar todas las luchas entre las fuerzas referidas, de un lado, a la tradición real, y de otro, a la tradición sacerdotal.

3. También aborda el tema en *El Misterio del Grial*.

-Sí, quise demostrar que durante la Edad Media, en la literatura caballeresca y, sobre todo, en el ciclo de la Tabla Redonda, se aspiraba a recrear la unidad primordial bajo el signo de la realeza y de la acción, y que la razón más profunda de la lucha entre el Imperio y la Iglesia no es sólo, como pretende la historia, una cuestión de primacía temporal, sino la pretensión de soberanía que siempre mantuvo la Iglesia, y como señala Dante, la que tuvo el Imperio de asumir la dignidad sobrenatural de la Igle-sia. La historia del Grial es esencialmente hiperbórea y precristiana, al contrario de la interpretación que le han dado hombres como Wagner.

4. Así, pues, ¿trata usted de descubrir en eso obra la auténtica tradición de Occidente?

—Si. En *La Crise du monde moderne*, o en *Autorité spirituelle, et pouvoir temporel*, Guénon afirma que la tradición occidental es el catolicismo, y que las tentativas de recuperación por parte de Occidente deberían apuntar a devolver al catolicismo su dimensión metafísica y tradicional, ahora olvidadas.

Por mi parte, también creo que Occidente se ha orientado hacia la acción; por consiguiente, es más lógico formular una tradición bajo el signo de la acción que no de la contemplación.

A partir de *Rebelión contra el mundo moderno* mantuve una correspondencia regular con Guénon. El siempre me contestaba, pues era un hombre de exquisita cortesía, pese al violento cariz que adopta en el curso de sus polémicas.

5. ¿Cuáles eran, en resumen, las ideas que exponla usted en su libro?

—No era un panfleto, como el título podría inducir a creer; es un título liviano y superficial, como las famosas "contestaciones" de hoy. En la primera parte, "El mundo de la tradición", tomo como base el estudio comparado de los textos que van desde el Extremo Oriente hasta la Edad Media, desde Egipto al Perú, y del Perú a los antiguos mitos nórdicos, y trato de descubrir las constantes de diferentes fuerzas tradicionales cuya característica general era la de sostener que toda la vida estaba orientada de arriba abajo. En la segunda parte, "Génesis y semblante del mundo moderno" esbozo una especie de metafísica de la historia, desde la prehistoria hasta nuestros días. No intento ser original, sino que pretendo ver qué es lo que puede sacarse en limpio de una cierta ensefianza casi impersonal, pero que existe.

6. ¿A qué llama usted una cierta enseñanza casi impersonal?

-Seguimos un mecanismo de involución y no de evolución. Desde el punto de vista espiritual, la historia experimenta un mecanismo de degradación más que de progreso...

7. ...Lo que escribe usted en *Metafísica del sexo*: «No es el hombre el que desciende del mono, por evolución, sino que el mono proviene del hombre por involución." Al igual que piensa usted de Maistre, nosotros también creemos que los pueblos primitivos no son los pueblos originales, sino vestigios degenerados, crepusculares, nocturnos, de razas más antiguas hoy por completo extintas.

-Exactamente. Y mi punto de vista se basa en la doctrina de las cuatro edades, que hallamos en todas las traiciones: hindú, germánica, griega, etc. Es una doctrina carente de autor, de paternidad y, por lo tanto, impersonal; pero tiene ese carácter de constancia que descarta la pura coincidencia.

8. Antes de concentrarse de manera específica en el estudio de las ciencias tradicionales, usted ejerció actividades que hoy llamaríamos inconformistas. Oriundo de la nobleza romana, de repente se convierte usted en dadaísta. ¿Por qué?

-En *Il camino del Cinabrio* relato ciertos episodios de mi vida, mi itinerario espiritual. Son anotaciones que hubieran debido aparecer después de mi muerte; pero, por desgracia, mi editor no quiso esperar hasta entonces. Un oscuro deseo de liberación, de afán hacia un difuso más allá, me impulsó a interesarme en la vanguardia de la época, por lo que había en ella de anárquico, de anhelo de escapar de los módulos aceptados. En Italia, antes de la Primera Guerra Mundial, estuvo de moda el futurismo. Pero se continuaba atribuyendo demasiada importancia a lo sensorial, a una especie de impresionismo arrebatado y vehemente.

Así pues, primero conocí el dadaísmo indirectamente, a través de la revista Dada, impresa en Zúrich y, más tarde, entré en contacto con Tristan Tzara.

9. ¿Qué supuso para usted la experiencia dadaísta?

—Me adherí a este movimiento por su carácter de tendencia-límite y no en tanto que movimiento artístico. Si se pretendía obrar con seriedad, era imposible mantener eternamente aquella actitud. Uno termina por desandar lo andado, como hicieron Aragon, Breton y, en parte, el propio Tzara; o bien opta por el suicidio, lo que no deja de ser una solución coherente; o se prescinde de todo, que es lo que yo intenté hacer, dentro de mis posibilidades. A partir de 1922 me separé de los dadaístas.

10. ¿Nació su interés por la magia en aquellos momentos?

—Yo poseía ya una cultura oriental, pero poco especializada. justamente después de mi experiencia dadaísta publiqué mis dos libros sobre el individuo absoluto, obras que no aconsejaría leer a nadie porque están escritas con la clásica jerigonza universitaria. Fueron editadas hacia 1930 y cuando quise releerlas, treinta años después, tuve que hacer un verdadero esfuerzo para concluir la lectura. Pero, por aquellas mismas fechas, también escribí Ensayos sobre el idealismo mágico, expuestos en la línea de las ideas de Novalis. Por aquel entonces, todo el mundo, en Italia, andaba embarcado en el neohegelianismo de Croce y otros filósofos italianos. Yo conocía algunas obras de cuya existencia apenas tenían noticia los propios franceses, como las de Lachelier, Lagneau, Weber. Lachelier, en particular, decía: "La filosofía moderna es la reflexión que conduce al reconocimiento de su impotencia y a la necesidad de pasar a la acción para resolver sus problemas."

11. ¿Y fue, entonces, cuando fundó usted el grupo Ur?

-"Ur" se ocupaba esencialmente de esoterismo. Intentamos organizar un reducido círculo operativo, absolutamente técnico y privado.

12. ¿Por qué ese nombre "Ur"?

-Esta apelación puede ser la raíz de la palabra "fuego" pyr en griego, y uro en latín. También es el prefijo que, en alemán, significa "primordial". Este grupo desarrolló su actividad en el periodo 1928-1929. Yo tomaba anotaciones, que luego publicamos en un libro hoy agotado: Introducción a la magia.

13. ¿Qué entendía usted, entonces, por filosofía de la acción?

-Cuando me centré en el estudio de las tradiciones fundamentales, escribí, hacia 1925, El Yoga del Poder. No se trataba de activismo, sino de una superación de la condición humana.

14. ¿Conoció usted a Gurdjeff?

-No personalmente, pero creo que era más importante lo que hacía que lo que decía. No conviene prestar demasiados oídos a los sujetos que han sido algo en la vida. Se corre el riesgo de que aquéllos no tengan la suficiente cultura para exponer sus ideas o soslayen el verdadero núcleo de su personalidad.

15 -En una obra reciente, Werner Gerson escribe: «Según se dice, Evola fue consejero oficioso de Mussolini en materia de romanidad esotérica y de resurrección del Imperio concebido al estilo gibelino. A partir de 1936, fue el director iniciático de un Comité de Acción para la Universalidad de Roma (CAUR), el cual, tras un congreso mundial celebrado en Erfurt, se convirtió en un asociado del Weltdienst nazi que dirigía el coronel Fleischauer." ¿Qué hay de verdad en todo ello?

-El tal coronel Fleischauer era un antisemita antimasónico. Yo fui invitado al Congreso de Erfurt en calidad de observador, pero sin tomar parte activa en el mismo. Por otro lado, allí conocí a los miembros de la *Revue Internationale des Sociétés Secrètes*, de Monseñor Jouin.

A diferencia de R. Guénon, yo no me limité a exponer doctrinas tradicionales, sino que traté de indagar cuáles podían ser las posibilidades de llevarlas a la práctica. Guénon era un hombre prudente, un contemplativo, que a pesar de oponerse a todas las academias habidas y por haber, hubiera podido ingresar en la Sorbona.

Por consiguiente, analicé las consecuencias que podían derivarse de las doctrinas tradicionales en el sentido de una organización social y política del Estado. Vistas así las cosas *Rivolta contro il mondo moderno* puede considerarse como el texto fundamental de la *Weltanschauung* de un fascismo purificado. Antes, allá por los años treinta, publiqué un panfleto rebosante de pathos revolucionario y anarquista, Imperialismo pagano, editado con un "Apéndice polémico sobre la reacción del partido güelfo", en el que confrontaba al fascismo con el siguiente dilema: o bien se dedican ustedes a bromear y a parlotear sobre cuestiones banales, o bien se plantean en serio la idea de "romanidad" (o sea, de tradición romana), como alma que es de su movimiento. En este último caso, deben solventar la cuestión del cristianismo, en la medida en que vuestra moral quedará vinculada a las realidades paganas, incompatibles con una visión católica de la vida.

Este panfleto desencadenó un escándalo. El *Osservatore romano*, órgano del Vaticano, pidió explicaciones al fascismo. Hubo una revista católica que publicó como folletín Respuesta a Satán. Después de todo ese alboroto, en el extranjero empezaron a fijarse en mí, y creyeron que yo era la eminencia gris del fascismo...

16. Y en Roma continúan pensando así...

—Rosenberg fue el que más. Por lo visto, creyó que yo era su par italiano. Todo era mentira.

17. ¿Y todavía lo es?

—Atienda. *Rivolta contro il mondo moderno* era una obra mucho más seria que este panfleto, y no tuvo ningún eco en Italia. En aquellos días, la cultura fascista estaba por los suelos. Se gritaba "viva el Duce" y nadie se preocupaba de las cuestiones doctrinales. Se produjo, entre otros, aquel escándalo de la creación de una Academia italiana calcada sobre el modelo de la Academia francesa, y en cuyo seno todo el mundo era antifascista o agnóstico. El propio Mussolini era un socialista ateo, influido por Sorel y Nietzsche.

En consecuencia, fue en Alemania donde el libro tuvo gran repercusión. La situación allí era muy distinta. Re-queriría demasiado tiempo analizar las fuerzas en presencia, cuando la génesis del nacionalsocialismo. El hecho más importante era que la cultura alemana, aparte ciertos matices académicos y pedantes, estaba sensibilizada al mito y al símbolo, al contrario que los italianos, racionalistas y católicos. En nuestro país, sólo el filósofo Gian Battista Vico, en el siglo XVIII, constituyó una excepción, mientras que en Alemania el romanticismo preparó el terreno.

De otro lado, quedaban los vestigios de una sociedad feudal, el prusianismo y sus ambiciones, la nostalgia del Deutsche Ritterorder de los Caballeros de la Orden

Teutánica. Todos esos medios estaban interesadísimos en mis ideas, tanto más cuanto que yo partía de la idea de una raza boreal primigenia más que de una raza aria. Por lo demás, el término "ario" pertenece al vocabulario filosófico.

18. Tengo entendido que conoció usted a Himmler, ¿no es cierto?

-Sí; demostró por mí un interés especial. En la última fase del nacionalsocialismo, se produjo un encuentro bastante curioso entre el ala conservadora, representada en especial por la Reichswehr, o sea el ejército, y el Herrenklub, el "club de los señores" que presidía el barón von Gleichen, con el cual me unía una íntima amistad. Así pues, a partir de 1935 fui invitado a Berlín. Cada semana, el círculo de los Junkers invitaba a una personalidad, alemana o internacional. Por lo demás, quiero precisar que si alguien se imagina que los concurrentes eran unos gigantes rubios de ojos azules, se hubiera llevado un gran desengaño, pues la mayor parte eran individuos obesos y de corta estatura. Después de la cena y del ritual de los brindis, el invitado tenía que pronunciar una conferencia. Y así, mientras aquellos señores fumaban sus cigarros y bebían a pequeños sorbos su jarra de cerveza, yo hablaba. Fue entonces cuando Himmler tuvo noticias acerca de mí. Tenía el proyecto de recrear las excelencias del orden teutónico y dotarlo de una base filosófica. La noche de los cuchillos largos, del 30 de junio de 1933, en que murieron asesinados Röhm y los mandos de las SA, se produjo porque aquel había reprochado a Hitler su complicidad con los "barones de la industria y del ejército" y porque quería desembarazarse de la Reichswehr prusiana y reaccionaria para sustituirla por un ejército revolucionario y social, al estilo de Mao Tsé-tung.

A partir de entonces, las SS cobraron mayor impor-tancia, y se convirtieron en una especie de Estado dentro de otro Estado gracias a Himmler, que andaba de acá para allá pregonando las excelencias del orden; de un orden fundado en la idea de la raza. Tuvo lugar entonces un acercamiento entre el Herrenklub y las SS. A todo lo cual hay que añadir la importancia que revestía la comisión de la Ahnenerbe, o "legado de los ancestros". Bajo el signo de este acercamiento Himmler celebró, entre 1937 y 1938, una serie de conferencias en grupos reducidos para la oficialidad de las SS, en las que participé como invitado. Además, conocía íntimamente al canciller von Pappen y, en Austria, a Karl-Anton von Rohan.

En este medio, opuesto al "populismo dictatorial" del nacional-socialismo mi obra fue muy bien acogida. Por otro lado, siendo extranjero e italiano podía decir cosas que hubieran enviado a cualquier otro a un campo de concentración.

Y, sin embargo, mi doctrina de la raza no era la misma que la de los alemanes. Su concepción de la unidad -

equívoca- del alma y del cuerpo, los llevaba a determinar las cualidades morales a partir del fondo biológico. La concepción de la raza corresponde, a todas luces, a la concepción que uno tiene del hombre. Desde el punto de vista tradicional, el hombre no es "bios", vida, materia animada. Los tres elementos fundamentales siempre han sido el cuerpo, el alma y la mente. Por lo que toca a la cuestión judía, la cosa adquiere matices un tanto especiales puesto que interviene una serie de factores sociales. Pero ser ario no es patrimonio exclusivo de un pueblo. El concepto de una "raza alemana" es absurdo.

19. ¿Podría usted precisar su ideario a propósito del problema judío?

-En *El mito de la sangre* esbozo el curso de la historia de la raza humana, desde la antigüedad hasta Hitler. En ella dedico todo un capítulo a los judíos, que corresponde al ensayo, publicado en Alemania sobre la Studenten judenfrage, sobre la génesis del hebraísmo como fuerza destructora.

20. Y, según usted, ¿cómo se manifiesta esta fuerza destructora?

-El judío es un ser desarraigado. El más peligroso no es el hebraísmo tradicional, sino el que carece de patria, de plataforma visual. Según el Antiguo Testamento, Jehová prometió a Israel todas las riquezas de la tierra y una vara de acero para gobernar el mundo. Ahora bien, resulta que este pueblo que se consideró a sí mismo como el pueblo elegido, como el primero, se ha visto confinado al último lugar, perseguido. Este sentimiento de odio enraizó en el inconsciente y determinó ciertas formas de comportamiento. Como Marx, creen estar en posesión de una cierta ideología, pero esta desazón deriva de una impugnación profunda de todo lo existente.

21. ¿Es en esta acusación formal de la "raza judía" cuando usted entroniza determinados valores tradicionales, como la cábala?

-No, por supuesto. En el plano de la tradición sería un tanto frívolo crear oposiciones de esa índole. Sólo las formulaciones son diferentes. A determinados niveles se produce un acuerdo entre "los que saben". Pero, por otra parte, los judíos oscilan sin cesar entre su naturaleza primaria, de apetitos groseros, carnales, y sus aspiraciones de redención. Unos optan así, por el rigorismo ascético y detestan lo carnal; este es uno de los elementos que el judaísmo ha transferido a la religión cristiana. Por otro lado, se dan cuenta de que lo absoluto va en contra de la realidad, y entonces se hunden en esta realidad pecaminosa, buscando coartadas para proyectar este fracaso en otros pueblos.

Con esos dos ingredientes de su idiosincrasia: el impulso de rebeldía nacido de un complejo de resentimiento, de un lado, y esta Schadenfreude o placer maligno que les produce subrayar la falsedad de los ideales de otros pueblos, se puede llegar a Freud o a Max Nordau.

22. En tal caso, el ideal de trascendencia que usted pro-pone ¿se opone al análisis freudiano de las profundidades del inconsciente?

-¡Querrá usted decir de los bajos fondos! Con una especie de obsesión enfermiza, Freud indaga cuanto de subpersonal hay en el hombre. Sería preciso psicoanalizar el psicoanálisis.6

23. ¿Y sus teorías no llevan a Auschwitz? En una conversación que sostuvimos con anterioridad, usted me confesó que condenaba las atrocidades cometidas por los alemanes. ¿Acaso una cosa no conduce a la otra? ¿No cabría considerar como profético este verso que usted escribió en 1921: "Somos asesinos de manos carbonizadas que contemplamos el sol?»

-Al principio, en Alemania, sólo se pretendía un apartheid.

24. ¿De modo que favorece usted la existencia del Estado de Israel?

-Si es que existen judíos peligrosos, desde luego no son los que habitan en Israel, cuyas gentes trabajan, se organizan y dan prueba de extraordinarias dotes militares. Los peligrosos son aquellos que habitan en las grandes urbes de Occidente, a los que la democracia deja libres las manos. Por otra parte, en el caso de que alguien pretendiera hoy replantear la cuestión judía, llegaría tarde, pues ya no existe. Como le decía, opino que es mucho más importante la cuestión de la raza "interior". Por lo demás, las actitudes por las que se juzgaba indeseables a los judíos se hallan en la actualidad tan extendidas entre los buenos arios, que sería injusto y carecería de justificación proceder encima a una discriminación.

25. ¿Tuvo usted amigos de raza judía?

-Sí; sobre todo amigas. Si ha leído usted Sexo y carácter, de Weininger, comprenderá el porqué. Weininger, cuya obra traduje al italiano, es un judío que procesa a los demás judíos. Ante todo, señala, es preciso determinar con carácter previo quién es judío, del mismo modo que se establecen las propiedades del triángulo sin tener en cuenta el triángulo de la realidad. Luego, según ese esquema, hay que examinar en qué grado se halla extendida la condición de judío. Los judíos siempre han tenido necesidad de sobrevivir y de saber mentir. Ahora bien, Weininger, que pertenecía a esta raza de ascetas a que antes me refería, y que consideraba a la mujer como un instrumento del diablo, realiza una extraña comparación entre la mujer y el judío: el hombre es a la mujer, dice, lo que el ario es al judío. La mujer miente como miente el judío, y, por lo tanto, nadie es mujer a tan justo título como la hembra judía.

También profesé una gran estima a Michélstaedter, hijo de un judío de Goritzia, autor de un libro sobre la filosofía de la idea pura. Al igual que Weininger, se suicidó a los veinticinco años, y su sobrino, amigo mío, también se suicidó a la misma edad. Teniendo en cuenta su dualismo, estos seres atravesaban una profunda crisis, y terminó por producirse un chispazo, un cortocircuito.

26. Volvamos al capítulo de sus relaciones con Mussolini.

-Durante la época en que yo pronunciaba conferencias en Alemania, Mussolini empezó a interesarse por el racismo. Por tres razones:

*Italia había conquistado Etiopía. Se trataba de fomentar una especie de orgullo nacional entre los colonos italianos para evitar el mestizaje. Este tipo de racismo se parecía menos al racismo fanático alemán que al racismo sutil que los ingleses practicaban en sus colonias.

*En segundo lugar, Mussolini se dio cuenta de que una revolución no pasaba de ser una humorada sin la imagen previa de un hombre "nuevo", Il nuovo Italiano. Todo ello, partiendo de la base de que si se inculca una idea de forma sistemática y pertinaz, ésta termina por ejercer una influencia en la realidad física.

justo al comenzar la guerra, Mussolini leyó mi Síntesis de una doctrina de la raza, obra en la que yo exponía las teorías que antes había explicado en Alemania, y me mandó llamar. Aquello fue en verano, y por esa época yo tenía la costumbre de recorrer los glaciares en compañía de algunas muchachas, sin dejar ninguna dirección. Cuando, al fin, fui conducido a presencia de Mussolini, éste me espetó todo un discurso en presencia del ministro de Cultura Popular para felicitarme y pedirme que colaborara con él. Yo le dije: "Pero Duce; yo no soy fascista" pues es lo cierto que jamás he estado afiliado a ningún partido, y tanto en Italia como en Alemania, me limitaba a prestar mi apoyo a los movimientos en los que tenía esperanzas de poder inocular fuerzas positivas.

27. ¿Y cuáles eran, en su opinión, estas posibilidades positivas?

-Todas se hallan expuestas en El Fascismo. Ensayo de un análisis crítico desde el punto de vista de la derecha.

Escribí este libro pensando, sobre todo, en los alemanes -proseguí diciendo al Duce-; pero puesto que usted aprueba las ideas que en él se exponen, tal vez sería útil ejercer a nuestra vez, un influjo sobre los alemanes. No hay ningún pueblo europeo de raza pura; por lo tanto, se trataría de realzar el elemento dominante como configurador de los restantes. Con este criterio se planteó en Alemania el mito de la *Aufnordung*, o sea la "nordización". En el caso de los romanos, predominaba el elemento ario-romano. "Además, le propongo la creación de una revista ítalo-alemana que se llamaría Sangre y Espíritu." Mussolini dio su conformidad. Yo me encargaría de todo lo relativo a Italia y Rosenberg y Gross de la problemática alemana. Por desgracia, el proyecto no llegó a prosperar.

28. ¿Cuál era la posición de Himmler?

-Las SS pretendían adueñarse de los centros neurálgicos del Estado, lo que provocaba una tensión entre ellas y el partido nazi.

29. ¿Qué impresión le causó? ¿Qué aspecto tenía?

-Feo. De corta estatura, usaba quevedos, rostro mongólico. Jamás lo habrían admitido en el cuerpo de haberse presentado voluntario.

30. ¿Y Mussolini?

-Cuando tenía que entrevistarse con alguien, en un plano no estrictamente político, procuraba documentarse y asimilar unos cuantos conocimientos que le permitieran salir del paso. Así, mientras yo hablaba, él manifestó su entusiasmo, diciendo: "Estos tres 'grados de la raza se corresponden por entero con los de Platón en su República: en la base de la pirámide se encuentra la masa, que el caudillo necesita; en segundo lugar, los guerreros, la fortaleza de ánimo y, por último, la raza superior: los pensadores y los artistas". A lo que yo repuse: "Un momento, Duce; Platón situaba a los poetas en la base de la pirámide" No volví a verlo hasta su liberación en el Gran Sasso por Skorzeny. Por aquel entonces, yo me encontraba en el cuartel general de Hitler en compañía de otros italianos.

Por mi parte, me distancié del movimiento fascista en el momento en que se procedió a instaurar una república socialista, pues yo era, ante todo, antisocialista y monárquico. Luego fui herido, y sólo asistí de lejos al final de los acontecimientos.

31. ¿Se desinteresa usted, hay, de la evolución del mundo?

-No, en absoluto. Se me considera como el enemigo público número uno de la democracia y del comunismo, y todavía soy más intransigente que antes. En Los hombres y las ruinas planteó la idea fundamental de la gran tradición europea -más allá de la oposición fascismo-antifascismo-, los principios de autoridad de un poder legítimo y la forma y las condiciones de la unificación europea. Escribí este libro para los hombres que todavía se sostenían en pie entre las ruinas. El prólogo está escrito por el comandante príncipe Borghése, jefe de los servicios especiales de la marina, quien, durante la guerra, se dedicó a hundir, con sus hombres rana, acorazados ingleses en el puerto de Alejandría.

32. Dejando a un lado los libros, ¿mantiene usted contacto con los movimientos de extrema derecha?

-Hace unos años surgió la posibilidad de instaurar en Italia un gobierno tradicional de, signo conservador. En efecto, se fundó un "Movimiento social italiano", integrado en parte por antiguos fascistas, pero también por gente joven, que son los que combaten el comunismo en la calle y en la Universidad. Cuenta con unos dos millones de afiliados.

33. ¿Mantienen algún contacto con el NPD alemán?

-No. Almirante, que sucedió a Michelini en el mando, aboga por una cierta autonomía. Pero otro grupo, "Ordine nuevo" ha adoptado por entero mis ideas. Nuestra tentativa para publicar una revista llamada reaccionario acabó por irse al traste.

34. Dado que es usted un inconformista integral, ¿es partidario de la "revolución sexual"?

-Siempre he pugnado contra los tabúes burgueses y jamás contraje matrimonio; pero el movimiento de que me habla es una aberración. Wilhelm Reich, Fromm, Luigi Demarchi, que elaboraron las primeras teorías, querían hacer de la sexualidad un elemento para consumo de las masas, democratizarlas. Reich estima que todo lo sadomasoquista es perversión; cosa que no es cierto. El sadomasoquismo es perversión cuando condiciona una experiencia; pero puede ser uno de los aspectos fundamentales de la misma. Reich habla de un complejo de Nirvana, según el cual, el impulso destructor sería producto de la represión; cuando la carga sexual se halla demasiado comprimida, esta impulsión tiende a manifestarse. Creo, por el contrario, que en toda experiencia sexual auténtica, hay que pensar en la iniciación mística. La verdadera fórmula de una unión, incluso profana, radica en el famoso Cupio dissolvere et dissolvi, destruir y destruirse. So pretexto de valorizar el sexo, se le primitiviza y pierde todo su impacto mágico y sagrado.

35. Al igual que Wilhelm Reich, aunque en el bando opuesto, su visión del sexo se convierte en el núcleo en torno al cual cristaliza su *Weltanschaung*, ¿no es así?

—En efecto. En esta materia, como en todas, la máxima puede ser: "Me permito todo aquello a lo que puedo renunciar." Si uno está seguro de su poder, no existen barreras. Pero sólo en ese caso.

36. ¿Hay en su sistema, un puesto para la homosexualidad?

—Es la consecuencia o resultado tipo de la vía democrática. Para Reich, la homosexualidad, como las restantes perversiones, es algo lícito. Y conste que no las llamo perversiones desde un punto de vista moral, sino metafísico. Aparte de la homosexualidad biológica —lo que Magnus Hirschfeld llamaba la Zwischenform— en que el amor normal se convierte en anómalo, hay otra de tipo aberrante: el aspecto fundamental en unas relaciones profundas y completas es la polaridad, ya que, repitámoslo, el erotismo es magia antes que nada. Este magnetismo bipolar será tanto más importante cuanto mayor sea la diferencia entre ambos polos.

37. El filósofo Raymond Abellio, que distingue la "mujer original" de la "mujer última", le reprocha el que sólo tenga usted en cuenta la "mujer absoluta"...

—Es un simple punto de vista. Como ocurre con el triángulo absoluto del que parte Weininger para estudiar la naturaleza de todos los triángulos de la realidad. Es posible subrayar el papel que corresponde a la mujer si recurrimos a los postulados alquímicos. El grado supremo es un grado al que la mujer no puede acceder —también los derviches islámicos dan fe de ello—, lo cual, por otra parte, a ella le tiene sin cuidado. Según el esquema de la gran Obra hay que recorrer las tres fases del negro, blanco y rojo. La primera es el régimen de Saturno; la segunda, la de la Luna, la mujer, la del mercurio, y, la úl-tima, es la del hombre, la del Sol y el azufre. Para que el hombre alcance la purificación, al igual que la del oro, ante todo es preciso destruir la forma del yo durante la fase del negro, también llamada fase de la putrefacción. En la segunda fase, aquél se libera bajo el signo de la mujer. Pero en la tercera, el hombre, que parecía muerto en este baño de "leche de la virgen" resucita y reacciona contra la fuerza que lo ha liberado. En cuanto a la mujer, per-manece en la fase de iluminación mística.

38. En tal caso, esa ascensión está reservada a una élite...

–No es posible democratizar el sexo ni la magia, los cuales, por otra parte, están estrechamente unidos. En *La Metafísica del sexo* he pretendido mostrar una serie de experiencias en las que la fuerza sexual no dimana de la libido freudiana, sino de la trascendencia.

39. En *L'Arco e la Clava* titula usted uno de los capítulos: Libertá del sesso y libertá dal sesso". Eso, en francés, tiene el mismo significado. ¿Y en italiano?

–Quiero decir, con ello, que no basta con liberar el sexo, sino que es preciso liberarse del sexo; liberarse de una persona en el plano sexual es una realización superior En parte, encontrará usted ejemplo de ello en

Histoire d'O. La noción de familia, tal como se entiende hoy, es otra cosa absurda, un proceso de disolución. Con tal de que la emancipación de la mujer no sea una mera emancipación, necia y destructora, en el dominio de lo práctico, sino que se trate de una independencia interna, la pareja cobra un aire de dignidad que respeta la individualidad de cada cual, sin dejar de mantenerla unida en el terreno de la sexualidad. Para la mujer que entiende así la unión, ' el problema más bien radica en virilizarse mediante el dominio interno y en renunciar a preservar su feminidad. Ambas cosas no se consiguen con facilidad; pero es el supuesto ideal.

40. Simone de Beauvoir ha escrito un libro en que una "invitada" se introduce en la pareja. ¿Cree usted que una "invitada" puede destruir el núcleo de una pareja?

-No, siempre y cuando el hombre y la mujer no sean cartas de un juego que se apoyan unas contra otras, sin consistencia propia. En este caso ideal, uno puede permitirse algunos "Seitespriinge", ciertas diletancias. Pero cuando no se está seguro de uno mismo, entonces conviene amar a varias personas, al objeto de no ligarse a una sola.

41 -Usted habla con frecuencia del tantrismo...

-La disciplina interior del tantrismo no apunta de forma exclusiva hacia el otro mundo, sino hacia todo género de cosas, y sabe obtener un antídoto para cualquier veneno, lo cual es aplicable a la sexualidad, pero, también, a todos los restantes campos.

Otros títulos

Otros títulos

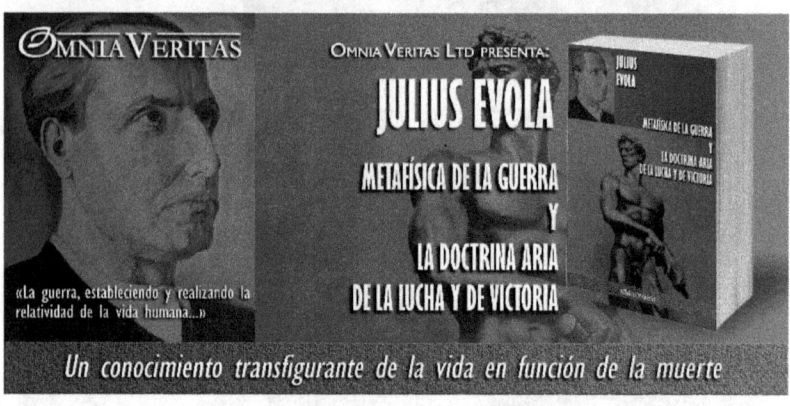

Otros títulos

Otros títulos

Otros títulos

Omnia Veritas Ltd presenta:

RENÉ GUÉNON
APERCEPCIONES SOBRE LA INICIACIÓN

«A menudo nos concentramos en los errores y confusiones que se hacen sobre la iniciación...»

Somos conscientes del grado de degeneración al que ha llegado el Occidente moderno ...

Omnia Veritas Ltd presenta:

RENÉ GUÉNON
APRECIACIONES SOBRE EL ESOTERISMO CRISTIANO

« Este cambio convirtió al cristianismo en una religión en el verdadero sentido de la palabra y una forma tradicional ... »

Las verdades esotéricas estaban fuera del alcance del mayor número...

Omnia Veritas Ltd presenta:

RENÉ GUÉNON
AUTORIDAD ESPIRITUAL Y PODER TEMPORAL

"La distinción de las castas constituye, en la especie humana, una verdadera clasificación natural a la cual debe corresponder la repartición de las funciones sociales."

La igualdad no existe en realidad en ninguna parte

Omnia Veritas Ltd presenta:
RENÉ GUÉNON
EL ERROR ESPIRITISTA

En nuestra época hay muchas otras "contraverdades" que es bueno combatir...

Entre todas las doctrinas "neoespiritualistas", el espiritismo es ciertamente la más extendida

Omnia Veritas Ltd presenta:
RENÉ GUÉNON
EL ESOTERISMO DE DANTE

« Dante indica de una manera muy explícita que hay en su obra un sentido oculto, propiamente doctrinal, del que el sentido exterior y aparente no es más que un velo »

... y que debe ser buscado por aquellos que son capaces de penetrarle

Omnia Veritas Ltd presenta:
RENÉ GUÉNON
EL HOMBRE Y SU DEVENIR SEGÚN EL VÊDÂNTA

"Cuando consideramos lo que es la filosofía en los tiempos modernos, no podemos impedirnos pensar que su ausencia en una civilización no tiene nada de particularmente lamentable."

El Vêdânta no es ni una filosofía, ni una religión

Otros títulos

OMNIA VERITAS LTD PRESENTA:

RENÉ GUÉNON
EL REINO DE LA CANTIDAD Y LOS SIGNOS DE LOS TIEMPOS

« Porque todo lo que existe de alguna manera, incluso el error, necesariamente tiene su razón de ser »

... y el desorden en sí mismo debe encontrar su lugar entre los elementos del orden universal

OMNIA VERITAS LTD PRESENTA:

RENÉ GUÉNON
EL REY DEL MUNDO

"Un principio, la Inteligencia cósmica que refleja la Luz espiritual pura y formula la Ley"

El Legislador primordial y universal

Omnia Veritas Ltd presenta:

RENÉ GUÉNON
EL SIMBOLISMO DE LA CRUZ

«La consideración de un ser en su aspecto individual es necesariamente insuficiente»

... puesto que quien dice metafísico dice universal

OMNIA VERITAS LTD PRESENTA:

RENÉ GUÉNON

EL TEOSOFISMO

HISTORIA DE UNA SEUDORELIGIÓN

"Nuestra meta, decía entonces Mme Blavatsky, no es restaurar el hinduismo, sino barrer al cristianismo de la faz de la tierra"

El término teosofía sirvió como una denominación común para una variedad de doctrinas

OMNIA VERITAS LTD PRESENTA:

RENÉ GUÉNON

ESTUDIOS SOBRE EL HINDUÍSMO

"Considerando la contemplación y la acción como complementarias, nos emplazamos en un punto de vista ya más profundo y más verdadero"

... la doble actividad, interior y exterior, de un solo y mismo ser

Omnia Veritas Ltd presenta:

RENÉ GUÉNON

ESTUDIOS SOBRE LA FRANCMASONERIA Y EL COMPAÑERAZGO

«Entre los símbolos usados en la Edad Media, además de aquellos de los cuales los Masones modernos han conservado el recuerdo aun no comprendiendo ya apenas su significado, hay muchos otros de los que ellos no tienen la menor idea.»

la distinción entre "Masonería operativa" y "Masonería especulativa"

Otros títulos

Omnia Veritas Ltd presenta:

RENÉ GUÉNON

FORMAS TRADICIONALES Y CICLOS CÓSMICOS

« Los artículos reunidos en el presente libro representan el aspecto más "original" de la obra de René Guénon.»

Fragmentos de una historia desconocida

Omnia Veritas Ltd presenta:

RENÉ GUÉNON

INICIACIÓN Y REALIZACIÓN ESPIRITUAL

« Necedad e ignorancia pueden reunirse en suma bajo el nombre común de incomprensión »

La gente es como un "reservorio" desde el cual se puede disparar todo, lo mejor y lo peor

Omnia Veritas Ltd presenta:

RENÉ GUÉNON

INTRODUCCIÓN GENERAL AL ESTUDIO DE LAS DOCTRINAS HINDÚES

« Muchas dificultades se oponen, en Occidente, a un estudio serio y profundo de las doctrinas orientales »

... este último elemento que ninguna erudición jamás permitirá penetrar

 Omnia Veritas Ltd presenta:

RENÉ GUÉNON

LA CRISIS DEL MUNDO MODERNO

«Parece por lo demás que nos acercamos al desenlace, y es lo que hace más posible hoy que nunca el carácter anormal de este estado de cosas que dura desde hace ya algunos siglos»

Una transformación más o menos profunda es inminente

 Omnia Veritas Ltd presenta:

RENÉ GUÉNON

«En todo ternario tradicional, cualesquiera que sea, se quiere encontrar un equivalente más o menos exacto de la Trinidad cristiana»

se trata muy evidentemente de un conjunto de tres aspectos divinos

« La metafísica pura, al estar por esencia fuera y más allá de todas las formas y de todas las contingencias »

no es ni oriental ni occidental, es universal

Otros títulos

«Según la significación etimológica del término que le designa, el Infinito es lo que no tiene límites»

La noción del Infinito metafísico en sus relaciones con la Posibilidad universal

Omnia Veritas Ltd presenta:
RENÉ GUÉNON
LOS PRINCIPIOS DEL CÁLCULO INFINITESIMAL

«... nos ha parecido útil emprender este estudio para precisar algunas nociones del simbolismo matemático »

Esa ausencia de principios que caracteriza a las ciencias profanas

Omnia Veritas Ltd presenta:
RENÉ GUÉNON
MISCELÁNEA

"Hay cierto número de problemas que constantemente han preocupado a los hombres, pero quizás ninguno ha parecido generalmente tan difícil de resolver como el del origen del Mal"

Este dilema es insoluble para aquellos que consideran la Creación como la obra directa de Dios

Omnia Veritas Ltd presenta:

RENÉ GUÉNON
ORIENTE Y OCCIDENTE

«La civilización occidental moderna aparece en la historia como una verdadera anomalía...»

Esta civilización es la única que se ha desarrollado en un aspecto puramente material

OMNIA VERITAS LTD PRESENTA:

RENÉ GUÉNON
ESCRITOS PARA
REGNABIT

«Esa copa sustituye al Corazón de Cristo como receptáculo de su sangre. ¿Y no es más notable aún, en tales condiciones, que el vaso haya sido ya antiguamente un emblema del corazón?»

El Santo Grial es la copa que contiene la preciosa Sangre de Cristo

OMNIA VERITAS LTD PRESENTA:

RENÉ GUÉNON
SÍMBOLOS DE LA CIENCIA SAGRADA

«Este desarrollo material ha sido acompañado de una regresión intelectual, que ese desarrollo es harto incapaz de compensar»

¿Qué importa la verdad en un mundo cuyas aspiraciones son únicamente materiales y sentimentales?

Otros títulos

OMNIA VERITAS

Omnia Veritas Ltd presenta:

HISTORIA PROSCRITA I
LOS BANQUEROS Y LAS REVOLUCIONES

POR

VICTORIA FORNER

Los procesos revolucionarios necesitan agentes, organización y, sobre todo, financiación, dinero.

LAS COSAS NO SON A VECES LO QUE APARENTAN...

OMNIA VERITAS

Omnia Veritas Ltd presenta:

HISTORIA PROSCRITA II
LA HISTORIA SILENCIADA DE ENTREGUERRAS

POR

VICTORIA FORNER

"El verdadero crimen es acabar una guerra con el fin de hacer inevitable la próxima."

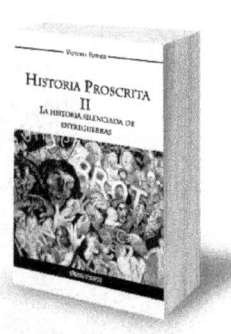

EL TRATADO DE VERSALLES FUE "UN DICTADO DE ODIO Y DE LATROCINIO"

OMNIA VERITAS

Omnia Veritas Ltd presenta:

HISTORIA PROSCRITA III
LA II GUERRA MUNDIAL Y LA POSGUERRA

POR

VICTORIA FORNER

Distintas fuerzas trabajaban para la guerra en los países europeos

MUCHOS AGENTES SERVÍAN INTERESES DE UN PARTIDO BELICISTA TRANSNACIONAL

OMNIA VERITAS — Omnia Veritas Ltd presenta:

HISTORIA PROSCRITA IV
HOLOCAUSTO JUDÍO, NUEVO DOGMA DE FE PARA LA HUMANIDAD
POR **VICTORIA FORNER**

Nunca en la historia de la humanidad se había producido una circunstancia como la que estudiaremos...

UN HECHO HISTÓRICO SE HA CONVERTIDO EN DOGMA DE FE

Otros títulos

Otros títulos

Omnia Veritas Ltd presenta:

EUROPEA Y LA IDEA DE NACIÓN
seguido de
HISTORIA COMO SISTEMA
por
JOSÉ ORTEGA Y GASSET

Pero la nación europea llegó a ser "nación" porque añadiera formas de vida que pretenden representar una "manera de ser hombre"

Un programa de vida hacia el futuro

Omnia Veritas Ltd presenta:

FRANCO
por
JOAQUÍN ARRARÁS

"La alegría del alma está en la acción." De Marruecos sube un estruendo bélico, que pasa como un trueno sobre España.

Caudillo de la nueva Reconquista, Señor de España

Omnia Veritas Ltd presente:

LA GUERRA OCULTA
de
Emmanuel Malynski

*En esencia, **La Guerra Oculta** es una metafísica de la historia, es la concepción de la perenne **lucha entre dos opuestos** órdenes de fuerzas...*

La Guerra Oculta es un libro que ha sido calificado de "maldito"

El análisis más anticonformista de los hechos históricos

Otros títulos

Otros títulos

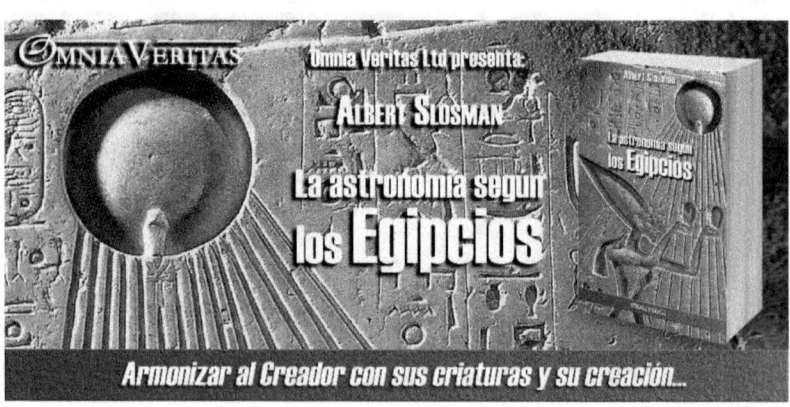

Otros títulos

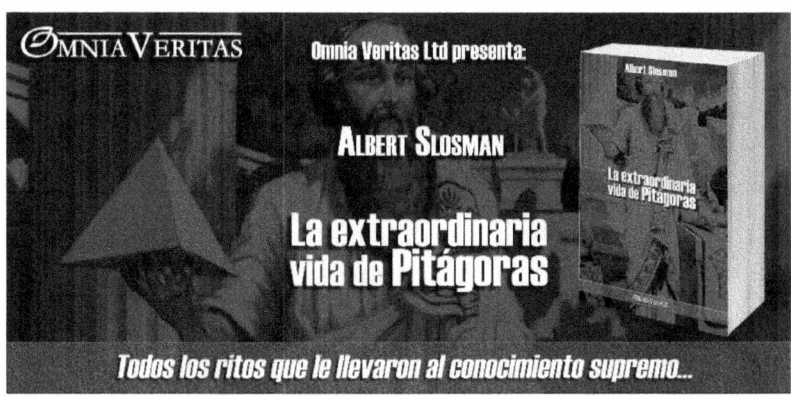

www.ingramcontent.com/pod-product-compliance
Lightning Source LLC
Chambersburg PA
CBHW050841160426
43192CB00011B/2117